Christoph und Unmack AG (Hg.)

Deutsche Holz-Fertighäuser

DOGMA

Christoph und Unmack AG (Hg.)

Deutsche Holz-Fertighäuser

ISBN/EAN: 9783955072148

Auflage: 1

Erscheinungsjahr: 2012

Erscheinungsort: Bremen, Deutschland

DEUTSCHE HOLZHÄUSER

KATALOG XXIII

(FABRIKZEICHEN)

Obwohl die nachfolgenden Abbildungen und Grundrisse
reiche Auswahl in bezug auf bauliche Ausführung und
Raumverteilung bieten, möchten wir darauf hinweisen,
daß besondere Wünsche unserer Auftraggeber
weitgehendst berücksichtigt
werden können.

INHALTSVERZEICHNIS

DAS DEUTSCHE HOLZHAUS.

A. EINLEITUNG.

Holzhäuser sind an und für sich heute nichts Neues, da sie uns von alters her aus den nordischen Ländern, Rußland und Amerika, also Ländern mit weit ungünstigeren klimatischen Verhältnissen als bei uns, bekannt sind. Erst als eine Folge des Krieges hat das Holzhaus in letzter Zeit wieder Verwendung gefunden, aber leider noch nicht in dem Maße, wie die noch immer bestehende Wohnungsnot dies eigentlich fordern würde. Der Mangel an Kohle und die sparsamste Verwendung derselben, auch im Bauwesen, ließen eine Fülle von Ersatz- und Sparbauweisen entstehen, wobei dann auch wieder auf das Holz als Baustoff zurückgegriffen wurde, von welchem in Deutschland noch genügende Mengen vorhanden sind, dank einer umfassenden und gesunden Forstpflege der Vergangenheit.

Gerade das deutsche Holzhaus ist wie keine andere Bauweise geeignet, behagliche Wohnlichkeit und künstlerische Möglichkeiten in zweckentsprechender Ausführung zu vereinigen, die nicht nur alle wohnungs-hygienischen, sondern auch wärmetechnischen Anforderungen erfüllt, welche an die Behaglichkeit und das Wohnkulturbedürfnis gestellt werden müssen. Durch seine dem Material angepaßte, schlichte Formgebung vermeidet das Holzhaus jede Protzerei und den Hang zu äußerlichen Übertreibungen, die vor dem Kriege unsere gesamte Kultur, und damit auch die Architektur, so ungünstig beeinflußt haben.

Das deutsche Holzhaus ist wie keine andere Bauart völlig industriell herzustellen. Die fabrikmäßige Herstellung nicht nur der einzelnen Bauteile wie Türen, Fenster und Treppen, sondern des ganzen Hauses in allen seinen Einzelteilen, kann unter Ausnutzung des Materials derartig organisiert werden, daß tatsächlich unter weitester Anspannung der Maschinen als der raschesten Arbeitskraft die Herstellung von Holzhäusern in kürzester Zeit gewährleistet werden kann. Für die Lieferung eines Holzhauses sind daher je nach Größe des Objektes 5 bis 8 Wochen erforderlich. Von größter wirtschaftlicher Bedeutung ist außerdem, daß die Herstellung des deutschen Holzhauses vollkommen ohne Kohle vorgenommen werden kann, da sich die Sägegatter, Holzbearbeitungsmaschinen und Trockenöfen durch die bei der Fabrikation gewonnenen Abfälle selbst speisen. Die maschinelle Fabrikation im Werke hat aber zur Folge, daß der Aufbau des Hauses an Ort und Stelle nur eine ganz geringe Zahl von Arbeitskräften erfordert und in kürzester Zeit bewerkstelligt werden kann, unter Umständen von ungelernten Arbeitern unter Leitung eines einzigen Fachmannes, welchen das Werk zur Verfügung stellt. Die Errichtung eines Holzhauses geht daher weit schneller vor sich, als bei irgend einem anderen Massiv- oder Halbmassiv-Hause. Von ausschlaggebender Bedeutung ist ferner, daß ein langes Austrocknen, wie bei den Massivbauten, nicht erforderlich ist, so daß das in kurzer Zeit aufgestellte Holzhaus sofort bezogen werden kann.

Die Feuergefahr ist bei einem Holzhaus nicht größer als bei anderen Bauten, denn auch bei diesen besteht der größte Teil des inneren Ausbaues allgemein aus Holz. Voraussetzung ist natürlich auch hier die fachmännische Bauanlage des Hauses, insbesondere in bezug auf Öfen und Herde, und deren sachgemäß durchgeführte Isolierung und Bekleidung. Eine Schwierigkeit bei Versicherung gegen Feuer besteht daher nicht, da die Feuerversicherungs-Gesellschaften sich ohne weiteres bereit erklären, einwandfrei gebaute Holzhäuser anstandslos gegen einen Prämiensatz von 1—2 für Tausend, je nach Lage des Bauplatzes, zu versichern. Baugenehmigungen werden ebenfalls anstandslos erteilt, da durch einen Erlaß des Staatskommissars für das Wohnungswesen die deutschen Holzhäuser den Massivbauten gleichgestellt sind.

In gesundheitlicher Beziehung stellt das deutsche Holzhaus eine im Vergleich zu anderen Bauweisen wesentlich bessere Wohngelegenheit dar. Bekanntlich ist Holz ein schlechter Wärmeleiter und seine Isolierfähigkeit siebenmal so groß wie die des Steins. Wissenschaftliche Wärmeprüfungen durch das Versuchs- und Materialprüfungsamt an der Technischen Hochschule zu Dresden haben ergeben, daß die industriell hergestellten Holzwände in bezug auf ihre Wärmehaltung einer 38 cm starken, beiderseitig verputzten Ziegelmauer nicht nachstehen, sondern weit günstiger sind. Infolgedessen bieten sachgemäß ausgeführte Holzbauten besten Schutz gegen Wärme und Kälte.

Hinsichtlich der Lebensdauer stehen die Holzhäuser den Massivbauten in keiner Weise nach, da sich das Holz als Baustoff seit mehreren Jahrhunderten glänzend bewährt hat, immer unter der Voraussetzung selbstverständlich, daß das Haus aus hinreichend getrocknetem und gutgepflegtem Holz hergestellt wird. Eine weitere Voraussetzung für die Lebensdauer ist natürlich auch, wie bei allen anderen Bauten, eine gut gepflegte Unterhaltung des Hauses. Wird das Holzhaus daher unter Berücksichtigung vorstehender Einzelheiten zur Ausführung gebracht, so kann man ihm ohne weiteres eine Lebensdauer von 75 bis 100 Jahren zusprechen.

Die von uns seit mehr als 30 Jahren zur Ausführung gebrachten Holzbauten bieten Gewähr für solideste Ausführung, da wir über große, gut organisierte und erweiterungsfähige Fabrikanlagen verfügen. Unsere in Niesky O.-L. gelegenen Werke sind die größten Fabrikanlagen des Kontinents für Holzbauten, mit allen technischen Errungenschaften ausgerüstet und beschäftigen mehr als 1500 Werksangehörige. Wir stützen uns nicht nur auf langjährige Erfahrungen im Holzhausbau, sondern nehmen auch alle technischen und wissenschaftlichen Neuerungen schnellstens auf und behaupten daher die führende Rolle auf dem Gebiete des Holzhausbaues.

B. BAUART UND AUSFÜHRUNG.

FUNDAMENT: Das Fundament für deutsche Holzhäuser wird in der Regel massiv hergestellt aus Ziegelmauerwerk, Beton oder Bruchsteinen. Bei kleineren, einfacheren Bauten genügt unter Umständen schon eine einfache Betonplatte oder ein Pfahlrostfundament. Die Abmessungen des gesamten Unterbaues können mit Rücksicht auf die geringere Belastung weit schwächer gehalten sein, als bei einem Massivbau. Keller können wie in jedem Hause in beliebiger Anzahl vorgesehen werden, doch ist von Fall zu Fall zu entscheiden, ob für diese eine massive Decke gewählt werden, oder ob die Fußbodenbalkenlage des Erdgeschosses gleichzeitig die Kellerdecke bilden soll. Im letzteren Falle müßten die Lagerhölzer dann stärker dimensioniert werden. Die Fundamente sind im allgemeinen nicht im Preise enthalten, doch werden im Falle eines Auftrages Fundamentpläne kostenlos zur Verfügung gestellt.

SCHWELLEN: Unter jeder aufgehenden Holzwand wird eine Schwelle angeordnet. Der Querschnitt der einzelnen Schwellen, die noch mit Karbolineum oder einem ähnlichen Material fäulnissicher getränkt sind, ist so gewählt, daß die aufgehenden Wandtafeln fest damit verbunden werden und daß Schlagregen und sonstige Feuchtigkeit sich nicht festsetzen können, sondern immer gut abgeleitet werden. Die Auflagerflächen erhalten außerdem Asphaltpappe-Isolierung.

FUSSBODEN: Der Fußboden des Erdgeschosses wird in der Regel aus 23 mm starken, gehobelten und gespundeten Brettern gebildet, welche in Tafeln zusammengesetzt sind und auf 8×10 cm starken Lagerhölzern ruhen (Fig. 1). Die Lagerhölzer erhalten zum Schutze gegen Grundfeuchtigkeit eine

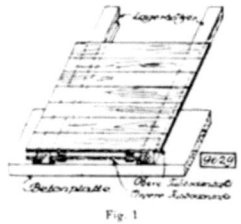

Fig. 1

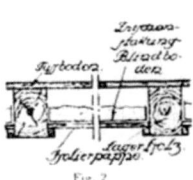

Fig. 2

Unternagelung mit Asphaltpappe. Bei besseren Räumen kann auch ein doppelter Fußboden vorgesehen werden, welcher als Blind- oder Zwischenboden an den Lagerhölzern angenagelten Leisten angebracht wird. Der Blindboden wird mit einer Lage Isolierpappe abgedeckt und kann mit einer Schüttung von geglühtem Sand, Schlacke oder ähnlichem Material (Fig. 2) versehen werden, welche aber bauseitig vorzunehmen wäre. Für etwaige Stallanbauten, Spülen, Waschküchen, offene Vorplätze usw. ist kein Holzfußboden vorgesehen, da angenommen wird, daß diese Räume vorteilhafter einen bauseitig auszuführenden, massiven Fußboden erhalten.

UMFASSUNGSWÄNDE: Die Umfassungswände stehen in einem Schwellenrahmen und werden in unserem bewährten Tafelsystem ausgeführt. Jede Wandtafel besteht aus einem verzapften, verleimten und verschraubten Holzrahmen, der durch Horizontal- und Vertikalverstrebungen verstärkt ist. Hierdurch wird jede Veränderlichkeit durch Temperaturein-

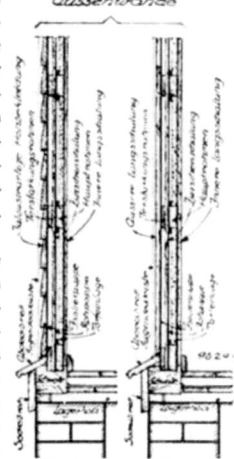

Fig. 3   Fig. 3a

flüsse, auf dem Transport, während der Aufstellung usw. ausgeschlossen. Bei ebenerdigen Häusern greifen die einzelnen Wandtafeln im Falz ineinander und werden durch Spezialverschlüsse luft- und wasserdicht miteinander verbunden. Die Wandtafelstöße werden außen und innen noch mit Deckleisten versehen. Bei Häusern mit ausgebautem Dachgeschoß stehen die Wandtafeln zwischen ausgefälzten Stielen und werden ebenfalls durch Spezialverschlüsse mit diesen verbunden. Die Stöße an den Stielen werden innen und außen mit Deckleisten versehen und zwar derart, daß die inneren Leisten mit der übrigen Wandfläche bündig gehen. Bei den Wohnhäusern bestehen die einzelnen Wandtafeln aus 30 bzw. 50 mm starken Holzrahmen, die nach

innen eine Lage Isolierpappe und nach außen eine Lage Rohpappe erhalten. Auf die Rohpappe kommt eine gespundete Zwischenschalung von ca. 10 mm Stärke und auf diese ein Verstärkungsrahmen von ca. 18–30 mm. Der Verstärkungsrahmen wird wiederum mit einer Lage Isolierpappe abgedeckt. Auf der Außen- und Innenseite ist je eine Bekleidung aus gehobelten und gespundeten, schmalen Brettern in Längsschalung vorgesehen (Fig. 3). Zur besseren Isolierung wird außerdem noch im Innern der Wand eine ca. 2 cm starke Torfplatteneinlage angebracht.

Es erfolgt somit die Isolierung der Umfassungswände durch zwei ruhende Luftschichten, eine Torfplatteneinlage, eine Lage Rohpappe, zwei Lagen Isolierpappe und die gespundete Zwischenschalung. Bei etwaigen Anbauten und Ställen werden die Wandtafeln aus 40 mm starken Rahmen zusammengesetzt, mit äußerer und innerer Bekleidung aus gehobelten und gespundeten Brettern. Die Isolierung erfolgt durch eine ruhende Luftschicht und eine Lage Isolierpappe unter der äußeren Holzbekleidung. Torfplatten können ebenfalls von Fall zu Fall als besonderer Schutz gegen Kälte bzw. auch Hitze zwischen die beiderseitigen Holzbekleidungen eingebaut werden. Die Wandtafeln der Wohngebäude wie auch der Anbauten können jedoch auf der Außenseite eine jalousieartige Holzbekleidung erhalten, die der Witterung besser Widerstand leistet und das Eindringen von Schlagregen verhindert (Fig. 3a). Auf Grund wärmetechnischer Untersuchungen durch das Versuchs- und Materialprüfungsamt an der Technischen Hochschule Dresden bietet die vorstehend beschriebene Wand ohne Torfisolierung einen ca. 29% besseren und

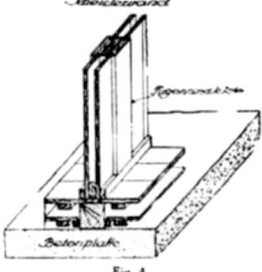

Fig. 4

mit Torfisolierung einen ca. 50% besseren Wärmeschutz als eine 38 cm starke, beiderseitig verputzte Ziegelmauer.

SCHEIDEWÄNDE: Die inneren Trennwände werden ebenfalls in Tafelkonstruktion hergestellt. Die balkentragenden Scheidewände bestehen aus 70 mm, die übrigen Scheidewände aus 30 mm starken Holzrahmen und einer beiderseitigen Brettbekleidung in Längsschalung, ohne Pappeinlagen (Fig. 4). Die Wohnungstrennwände bei Doppel- bzw. Reihenwohnhäusern zwischen den einzelnen Wohnungen werden der Schallsicherheit wegen als Riegelwände ausgestaltet. Sie bestehen aus 8×8 cm starken Riegelhölzern mit beiderseitiger Bespannung aus Rohpappe. Hierauf werden schmale Holzrahmen befestigt, die eine Bekleidung aus gehobelten und gespundeten Brettern in Längsschalung erhalten. Die Isolierung besteht also aus 3 ruhenden Luftschichten und zwei Lagen Rohpappe. Empfehlenswert ist es, das Riegelwerk der Wohnungstrennwände mit Schwemmsteinen oder ähnlichem Material auszumauern, da hierdurch die Schallsicherheit bedeutend erhöht wird. Diese Ausmauerung gehört jedoch nicht mit zu unseren Lieferungen und müßte bauseitig vor Aufbringen der beiderseitigen Wandbekleidungen erfolgen.

DECKE: Bei Gebäuden mit ausgebautem Dachgeschoß wird die Decke über dem Erdgeschoß als Balkendecke ausgestaltet, wobei die untere Bekleidung der Balkendecke mit gehobelten und gespundeten Brettern erfolgt, während der obere Fußbodenbelag aus 23 mm starken, gleichfalls gehobelten

Fig. 5

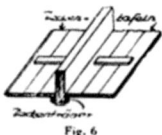

Fig. 6

und gespundeten Brettern besteht. Im Inneren der Balkendecke ist ein Blindboden vorgesehen mit einer Isolierpappauflage (Fig. 5). Die Ausfüllung der Balkendecke auf dem Blindboden mit Schlacke oder anderem Material zur größeren Wärmehaltung und Schallsicherheit hätte bauseitig zu erfolgen. Bei einem ausgebauten Dachgeschoß wird die Decke in vielen Fällen durch die Kehlbalkenlage gebildet und ergibt sich daher auf der Kehlbalkenlage ein begehbarer Bodenraum. Der Fußboden hierfür besteht aus 23 mm starken, rauhen, gespundeten Brettern, während die untere Deckenverschalung wie vorbeschrieben ausgeführt wird. Ein Zwischenboden wie in Fig. 5 ist nicht vorgesehen.

Ist der Raum über dem ausgebauten Dachgeschoß nicht verwendbar, so erhalten diese Räume eine einfache Decke aus gehobelten Brettafeln auf Tragerippen (Fig. 6).

DACH: In der Regel besteht das Dach bei den Wohngebäuden aus einfachen 18—20 mm starken, rauhen, gespundeten Brettafeln, die eine wetterfeste Eindeckung durch teerfreie Pappe erhalten (Fig. 7). Bei Anbauten oder freistehenden Veranden dient das Dach gleichzeitig auch als Decke und besteht aus Rahmentafeln mit einer oberen Bekleidung aus 20 mm starken, rauhen, gespundeten und einer

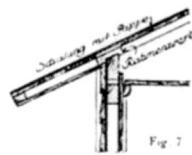
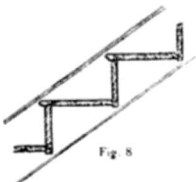

Fig. 7   Fig. 8

unteren Bekleidung aus gehobelten und gespundeten Brettern, mit Isolierung durch eingeschlossene, ruhende Luftschichten, und einer Eindeckung durch teerfreie Pappe wie vor (Fig. 7 überstehender Dachteil). Die Dächer können auch ohne weiteres mit Ziegeln (Biberschwänzen, Falzziegeln und Pfannen), Schiefer, Eternit oder Stroh gedeckt werden. Für Ziegel und Stroh wird statt der Dachbrettafeln die zimmermannsmäßige Dachkonstruktion (Sparren und Latten) mitgeliefert. Die Dacheindeckung selbst hätte bauseitig zu erfolgen. Dachrinnen und Abfallrohre, Schneefanggitter und Blitzableiter usw. werden wie bei jedem Massivhaus angeordnet.

TREPPEN: Für freiliegende Außentreppen und evtl. für Kellertreppen empfiehlt sich eine massive Ausführung, bei der ein Holz- oder Metallgeländer zu verwenden ist. Innentreppen werden aus bestem Kiefernholz mit Tritt- und Setzstufen zwischen Wangen, sowie Hand- und Abschlußgeländer gefertigt (Fig. 8).

TÜREN: Die Türen werden ebenfalls aus bester Kiefern-Stammware in Normalgröße hergestellt und zwar Außen- und Innentüren als Füllungstüren. — Die Außentüren erhalten, wenn erforderlich, zur Belichtung der Windfänge obere Glasfüllungen. Die Türen werden in die Wandtafeln mit Bekleidung fest eingebaut und erhalten Aufsatzbänder, beste Einsteckschlösser und Drückergarnituren.

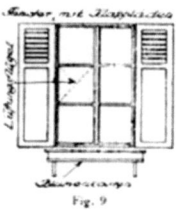

Fig. 9

FENSTER: Im allgemeinen werden einfache Fenster verwendet, die ebenfalls in die Wände fest eingebaut sind und verglast geliefert werden. Als Beschlag kommen Fitschen und Baskules zur Verwendung, der obere Flügel wird nicht selten als Kippflügel eingerichtet. Bei Siedlungsbauten und Kleinhäusern werden nur zweiflüglige Fenster ohne Kippflügel vorgesehen, dafür erhält aber ein Fensterflügel einen besonderen Lüftungsflügel (Fig. 9). Die Herstellung von Doppelfenstern, Fensterläden und Blumenkästen erfolgt auf Wunsch gegen besondere Preiszuschläge.

C. ANHALTSPUNKTE ÜBER NEBENARBEITEN.

ANSTRICH: Für den Außenflächenanstrich verwendet man bei einfacher Ausführung ein holz-
konservierendes Präparat, etwa Holzka-Firnis, Karbolineum, Ravenar usw. Bei besserer Ausführung zieht
man einen zweimaligen Ölanstrich unter Zusatz eines Lasurtones in gelblicher oder grünlicher Färbung
und einen Überzug mit Lack vor. Bei derartigem Anstrich bleibt die Maserung des Holzes sichtbar.
Die Innenflächen der Wände, Fußböden und Decken werden am besten ebenso behandelt. Ist eine
besondere Vorliebe für Deckfarben vorhanden, so kann man die Fußböden auch deckend braun, die
Wände und Decken ebenso in beliebiger Farbe, letztere etwa weiß, mit Ölfarbe oder Kaltwasserfarbe
streichen. Einen Mineralfarbenanstrich verwendet man nur dann, wenn gute Materialien nicht vorhanden
sind Bei besseren, villenartigen Holzhäusern können die Wände auch mit Wandbespannungen versehen werden. Fenster werden in der Regel deckend weiß, Fensterläden deckend grün gestrichen.
Besonders hervortretende Architekturteile, wie Brüstungen, Giebelverzierungen, Säulen usw. werden
vorteilhaft in grellen Farben, etwa gelb, blau, rot oder grün abgesetzt.
Eine Erneuerung des Anstriches ist bei Verwendung guter Materialien nur alle 5 bis 7 Jahre erforderlich.

HEIZUNG: Schornstein-Anlagen werden bei Holzhäusern nach den allgemeinen Vorschriften massiv
ausgeführt, wobei Konstruktionshölzer etwa 20 cm von der Innenwandung des Schornsteinrohres
entfernt sein müssen. Feuersichere Durchführungen durch Decke und Dach werden hierbei mitgeliefert.
Für die Beheizung wird die Anlage einer Zentral-Warmwasserheizung vielfach verwendet, bei welcher
die Heizräume am besten im Keller liegen. Der Einbau geschieht unter ähnlichen Voraussetzungen
wie bei Massivbauten, jedoch ist schon bei Ausarbeitung des Entwurfes auf die Verlegung der Rohre
Rücksicht zu nehmen. Die Rohrleitungen werden später an den Wänden verlegt und mit Brettern
verkleidet. Soll eine Zentralheizung nicht zur Ausführung kommen, so können auch Kachelöfen oder
eiserne Öfen mit entsprechenden Wandschutzblechen verwandt werden. Bei Kleinhausbauten empfiehlt
sich besonders die Verwendung von 2 oder 3 Zimmeröfen, die möglichst von der Küche aus beheizt
werden können.

BE- UND ENTWÄSSERUNG: Die Be- und Entwässerung geschieht ebenfalls nach den für Massivbauten üblichen Normen, jedoch ist beim Legen der Rohrleitungen besondere Sorgfalt zu verwenden.

GAS- UND ELEKTRISCHE LICHTANLAGEN: Derartige Anlagen werden bei den Holzbauten nach denselben Grundsätzen, wie diese bei Massivbauten gelten, eingebaut.

Einfamilienhaus Cottbus

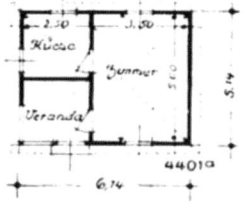

Maßstab 1:200.   Lichte Raumhöhe 3,00 m.

Einfamilienhaus Falkenberg

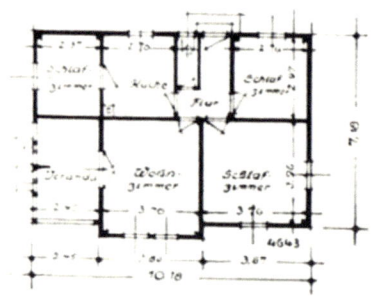

Maßstab 1:200   Lichte Raumhöhe 3,00 m

Einfamilienhaus Niesky I

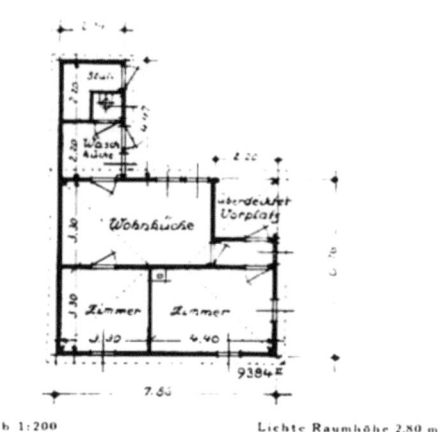

Maßstab 1:200   Lichte Raumhöhe 2,80 m

Entwurf: Professor van der Velde.

Einfamilienhaus Hoge (Holland)

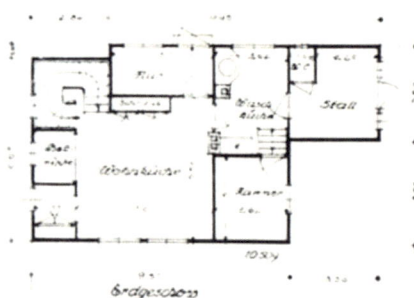

Erdgeschoß

Maßstab 1:200

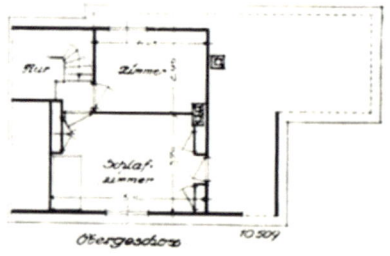

Obergeschoß

Lichte Raumhöhe:
Erdgeschoß 2,55 m — Obergeschoß 2,45 m

Entwurf: Professor van der Velde

Einfamilienhaus Otterloo (Holland)

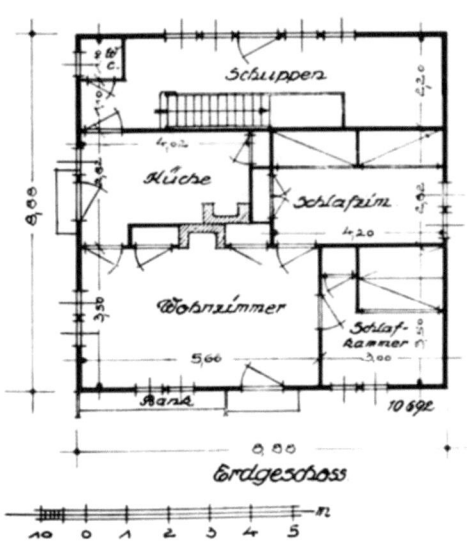

Erdgeschoss

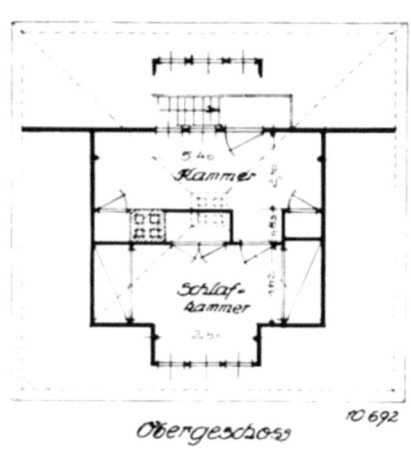

Obergeschoss

Lichte Raumhöhe
Erdgeschoß 2,55 m   Obergeschoß 2,50 m

Einfamilienhaus Amsterdam

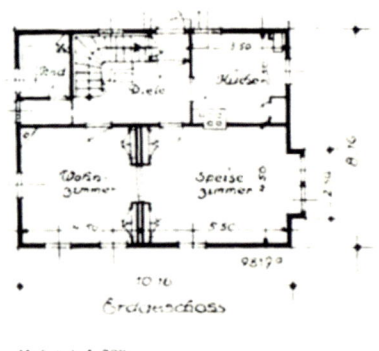

Erdgeschoss

Maßstab 1:200

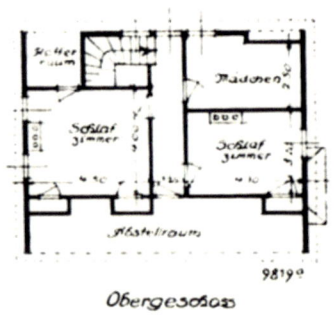

Obergeschoss

Lichte Raumhöhe:
Erdgeschoß 2.75 m — Obergeschoß 2.50 m

Einfamilienhaus Arlesheim

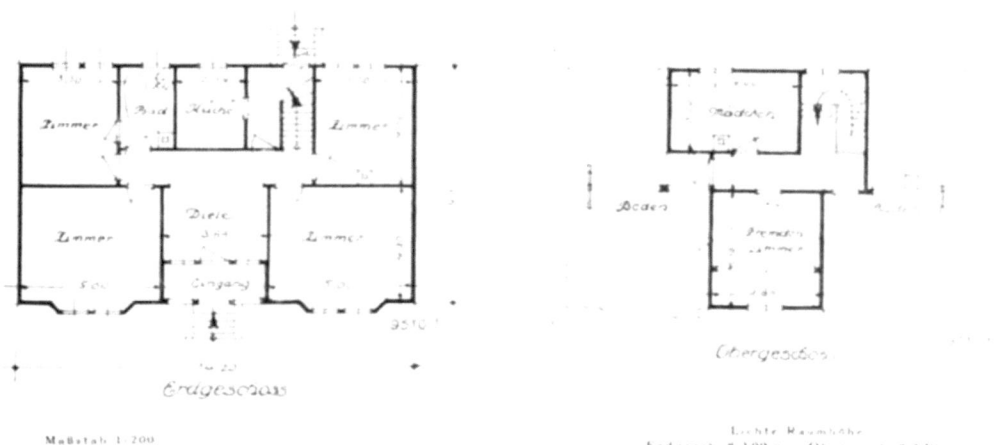

Entwurf: Regierungsbaumeister Schmidt, Waren (Mecklenburg)

Einfamilienhaus Marienfelde

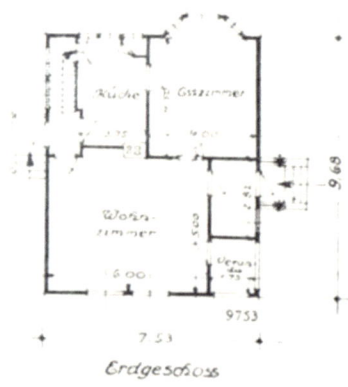

Erdgeschoss

Obergeschoss

Maßstab 1:200

Lichte Raumhöhe:
Erdgeschoß 3,05 m — Obergeschoß 2,50 m

Einfamilienhaus Bunzendorf

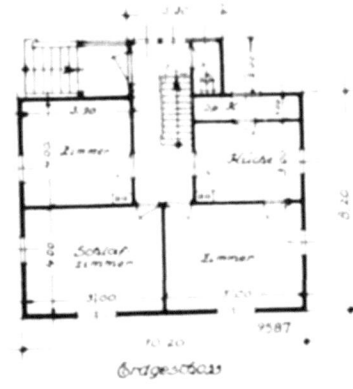

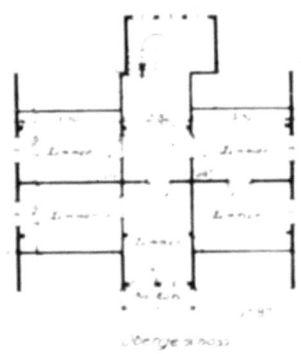

Maßstab 1:200

Einfamilienhaus Wassenaar I

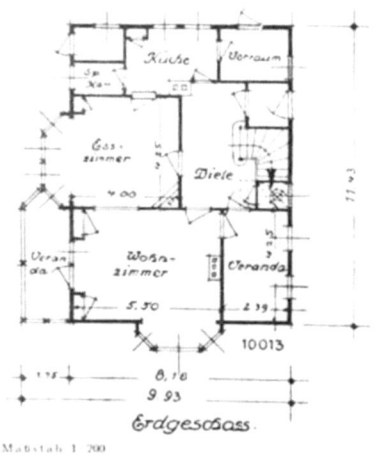

Erdgeschoss.

Maßstab 1:200

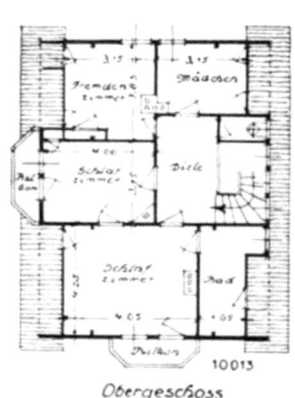

Obergeschoss

Lichte Raumhöhe:
Erdgeschoß 2,90 m — Obergeschoß 2,75 m

Einfamilienhaus Wassenaar II

Erdgeschoss

Entwurf: Professor Albinmüller, Darmstadt

Einfamilienhaus Niesky II

Erdgeschoß

Maßstab 1:200

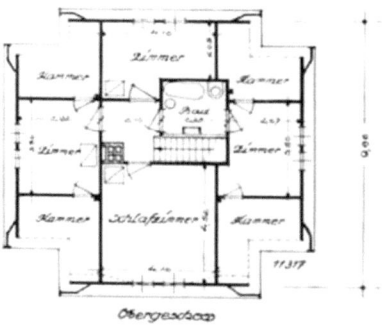

Obergeschoß

Lichte Raumhöhe:
Erdgeschoß 3,00 m — Obergeschoß 2,50 m

Einfamilienhaus Zschopau

Erdgeschoss

Maßstab 1:200

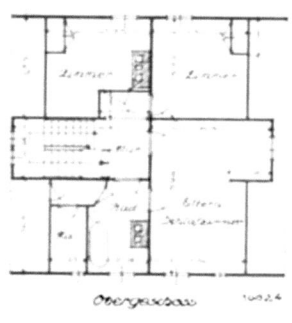

Obergeschoss

Lichte Raumhöhe
Erdgeschoß 2,75 m   Obergeschoß 2,55 m

Einfamilienhaus Lauban

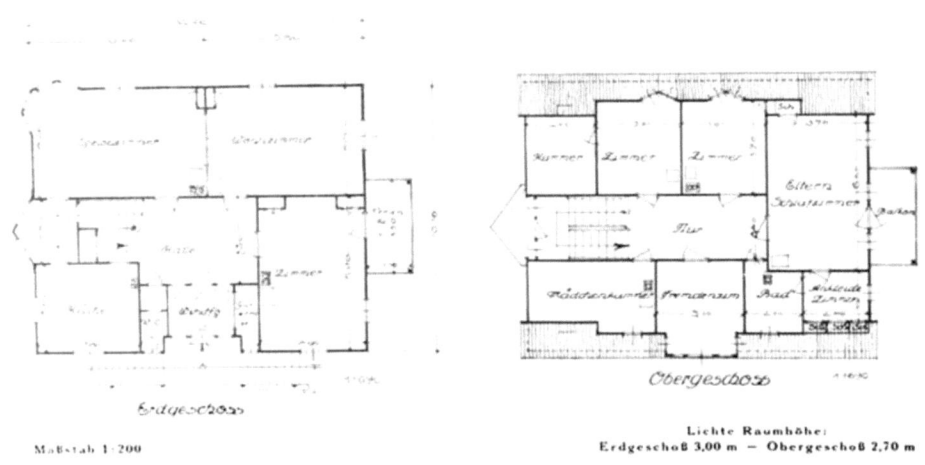

Lichte Raumhöhe:
Erdgeschoß 3,00 m — Obergeschoß 2,70 m

CHRISTOPH & UNMACK AKT.-GES.   NIESKY OBERLAUSITZ (SCHLESIEN)

KATALOG XXIII

Einfamilienhaus Landeck

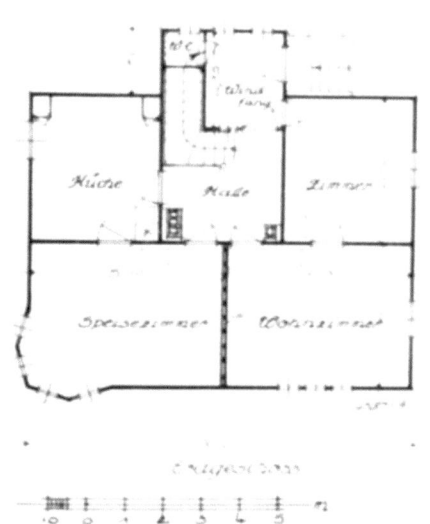

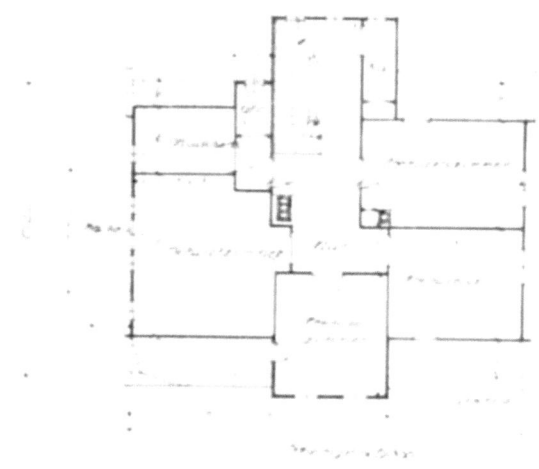

Einfamilienhaus Sorau

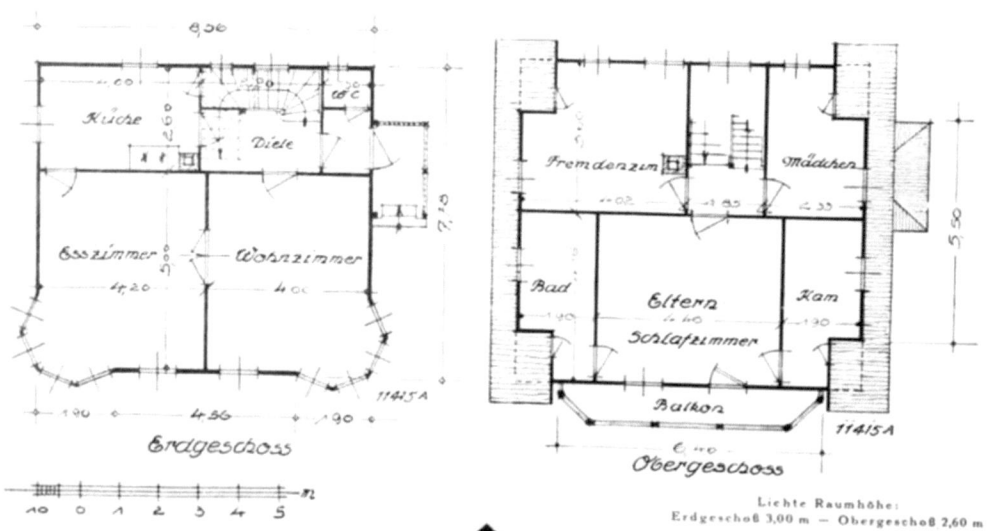

Erdgeschoss

Obergeschoss

Lichte Raumhöhe:
Erdgeschoß 3,00 m — Obergeschoß 2,60 m

CHRISTOPH & UNMACK AKT.-GES. NIESKY OBERLAUSITZ (SCHLESIEN)

KATALOG XXIII

H 3183 III

Einfamilienhaus Stettin

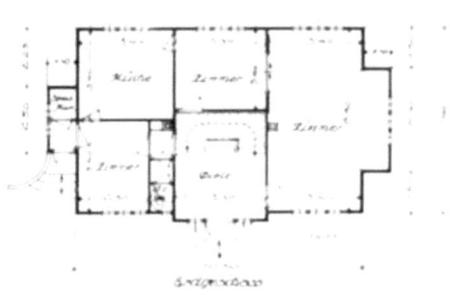

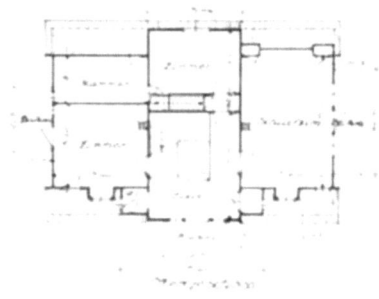

Einfamilienhaus Stützengrün

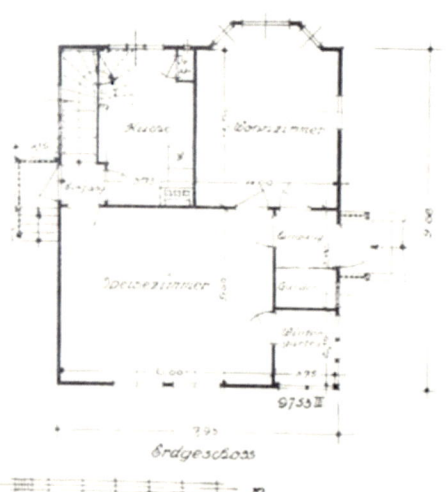

Erdgeschoss

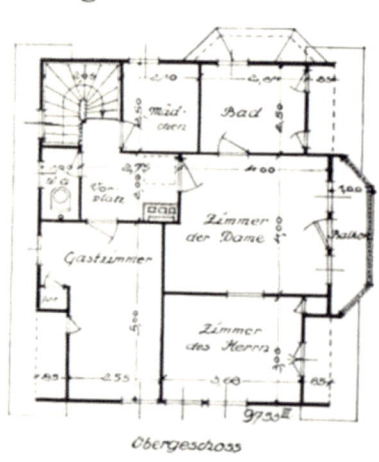

Obergeschoss

Lichte Raumhöhe:
Erdgeschoß 3,05 m — Obergeschoß 2,60 m

Einfamilienhaus Niesky III

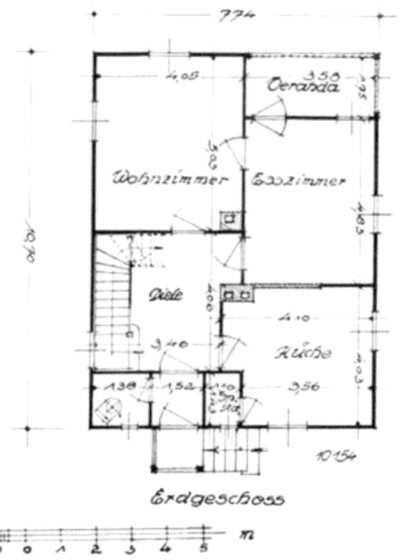

Erdgeschoss

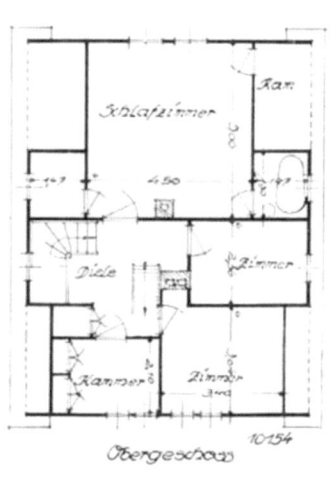

Obergeschoss

Lichte Raumhöhe:
Erdgeschoß 2,65 m – Obergeschoß 2,60 m

Entwurf: Professor van der Velde, Amsterdam.

Einfamilienhaus Haag
(Vorderansicht)

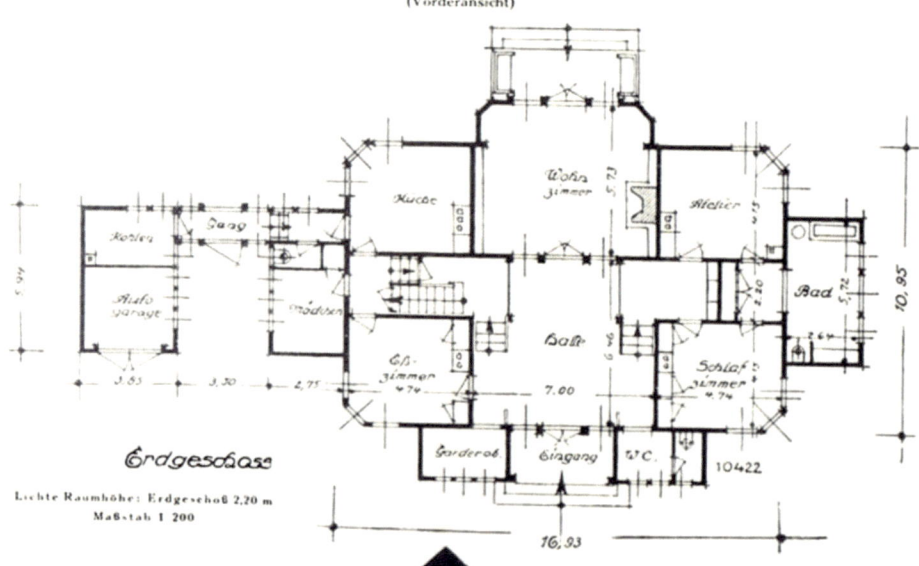

Erdgeschoss

Lichte Raumhöhe: Erdgeschoß 2,20 m
Maßstab 1:200

H 3184 a

Entwurf: Professor van der Velde, Amsterdam.

Einfamilienhaus Haag
(Rückansicht)

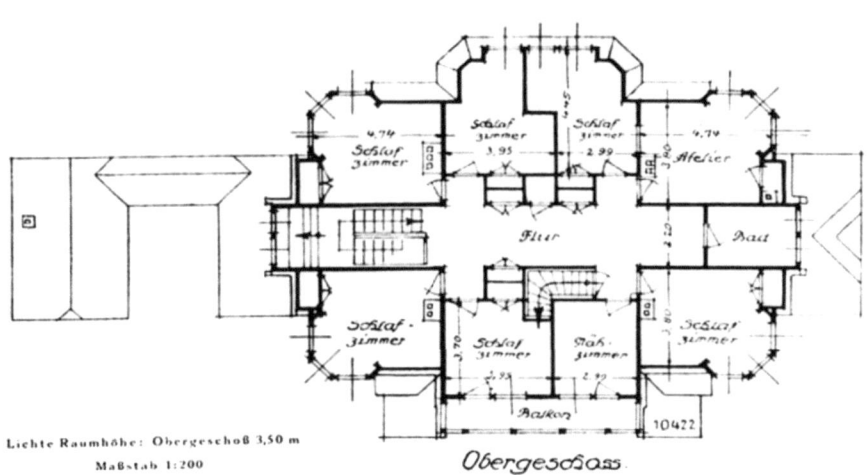

Lichte Raumhöhe: Obergeschoß 3,50 m

Maßstab 1:200

Obergeschoss.

Auf den vorhergehenden Seiten zeigten wir eine Reihe von Einfamilien-
häusern, die innerhalb der letzten Jahre durch uns zur Ausführung
gekommen sind. Die Grundrißlösung bei diesen Häusern ist stets den besonderen Wünschen unserer Auftraggeber angepaßt worden. Die folgenden
Blätter bringen unsere Bauten für zwei und mehr Familien, und hier sind es
besonders die Siedlungshäuser in Reihenausführung, welche wir in großer Zahl
ausgeführt haben. Unsere Tafelbauweise eignet sich infolge der in der Ein-
leitung zu diesem Katalog dargelegten Vorzüge ganz besonders für Siedlungsbauten und wie in dem Abschnitt über unsere eigene Siedlungstätigkeit noch
gezeigt wird, passen sich die Deutschen Holzhäuser jeder Gegend auch land-
schaftlich harmonisch an. Das Zweifamilienhaus (Seite 23) war ausgestellt
auf der Mitteldeutschen Ausstellung Magdeburg 1922 (Miama); das ebenfalls
für zwei Familien erbaute Haus Dresden (Seite 24) stand vom Mai bis Sep-
tember 1925 auf der Jahresschau Deutscher Arbeit „Wohnung und Siedlung"
Dresden, der größten derartigen Veranstaltung im Laufe der letzten Jahre.

Zweifamilienhaus Magdeburg

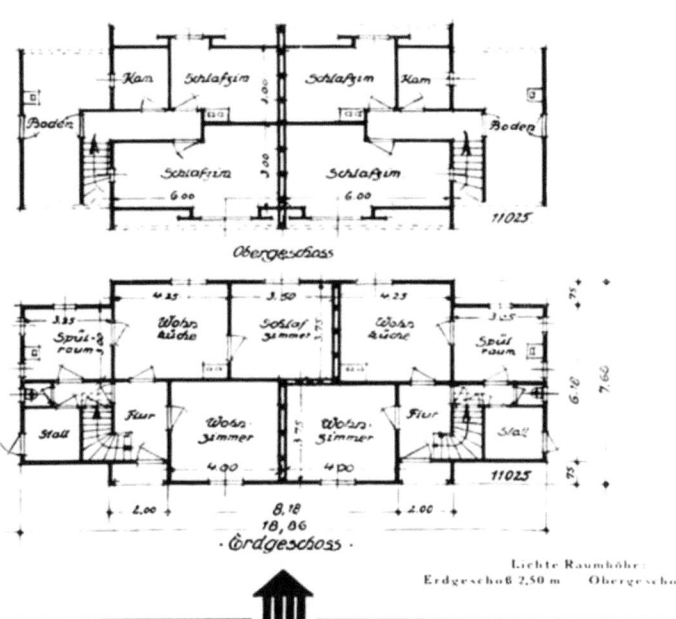

Maßstab 1:200

Lichte Raumhöhe:
Erdgeschoß 2,50 m   Obergeschoß 2,25 m

CHRISTOPH & UNMACK AKT.-GES.   NIESKY OBERLAUSITZ (SCHLESIEN)

KATALOG XXIII

Zweifamilienhaus Dresden

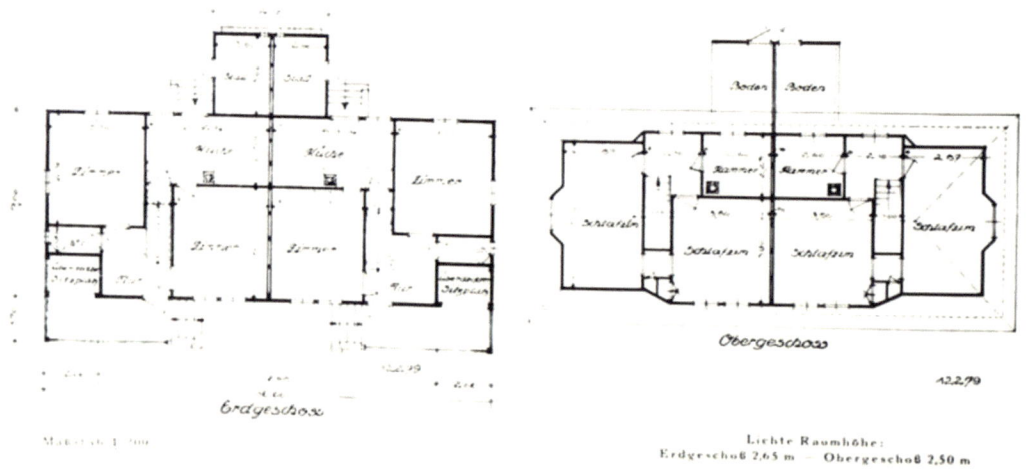

Erdgeschoß

Obergeschoß

Maßstab 1:200

Lichte Raumhöhe:
Erdgeschoß 2,65 m — Obergeschoß 2,50 m

H 3217

Zweifamilienhaus Niesky I

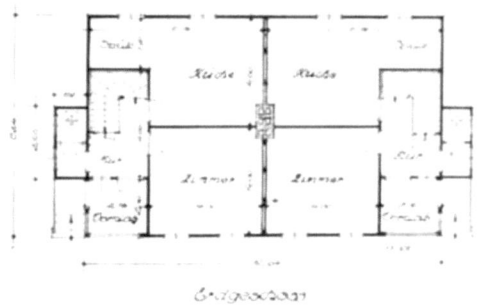

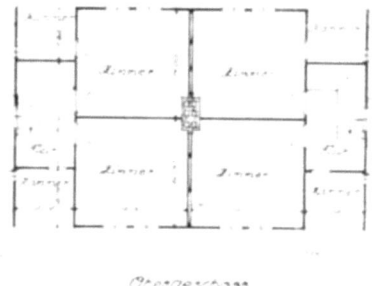

Maßstab 1:200

Zweifamilienhaus Friedland

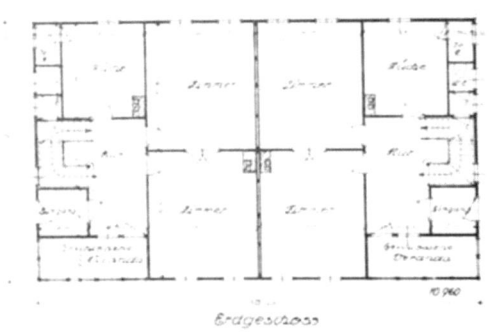

Erdgeschoss

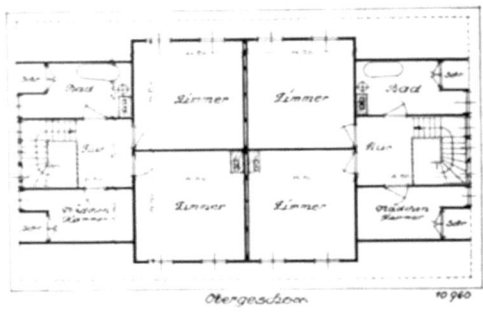

Obergeschoss

Lichte Raumhöhe:
Erdgeschoß 3,00 m — Obergeschoß 2,80 m

CHRISTOPH & UNMACK AKT.-GES. NIESKY OBERLAUSITZ (SCHLESIEN)

KATALOG XXIII

Zweifamilienhaus Niesky II

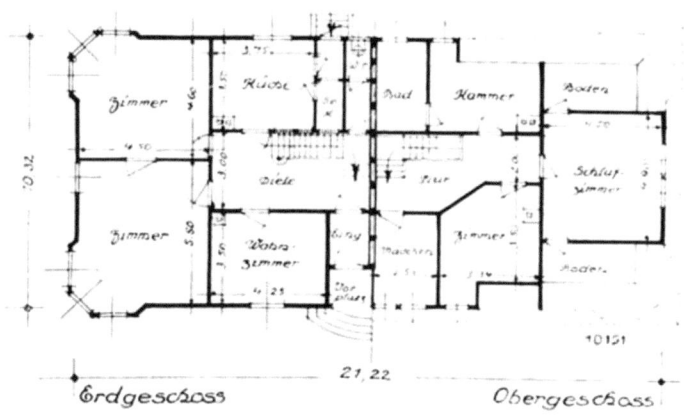

Erdgeschoss   Obergeschoss

Maßstab 1:200

Lichte Raumhöhe
Erdgeschoß 2,65 m   Obergeschoß 2,60 m

Dreifamilienhaus Niesky

Dreifamilienhaus Niesky

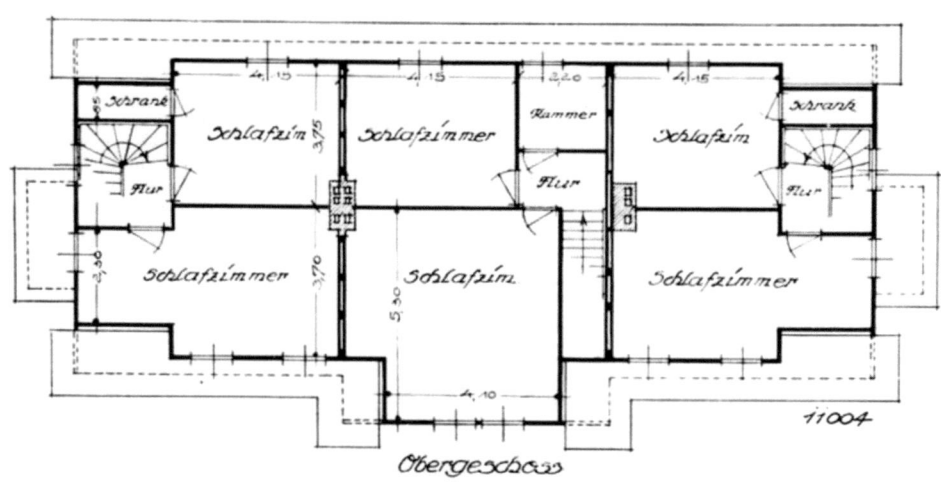

Obergeschoss

11004

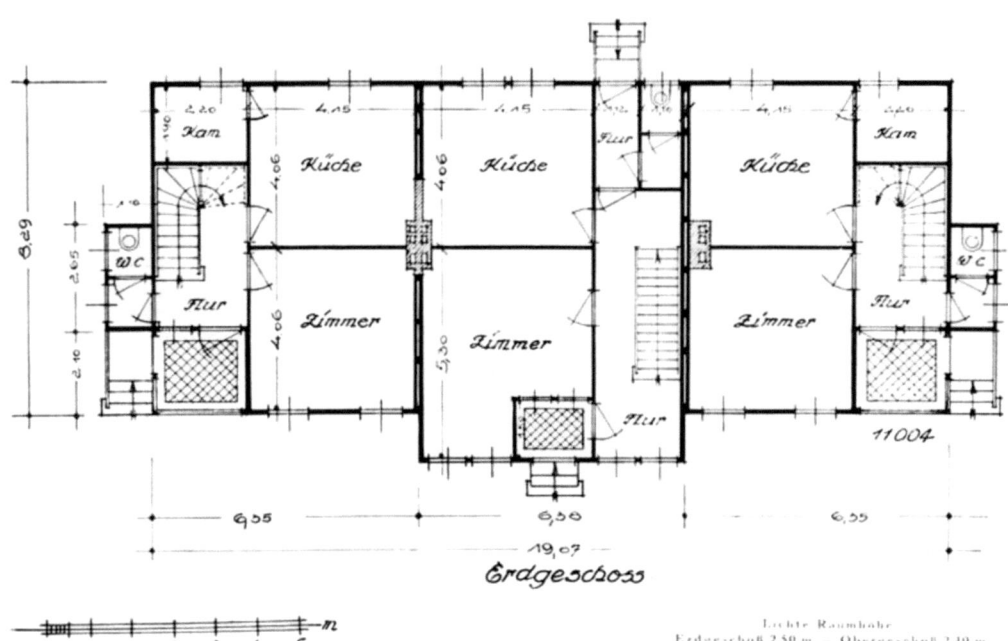

Erdgeschoss

Lichte Raumhöhe
Erdgeschoß 2,50 m — Obergeschoß 2,10 m

11004

CHRISTOPH & UNMACK AKT.-GES.   NIESKY OBERLAUSITZ (SCHLESIEN)

KATALOG XXIII

Vierfamilienhaus Ölsnitz

Vierfamilienhaus Ölsnitz

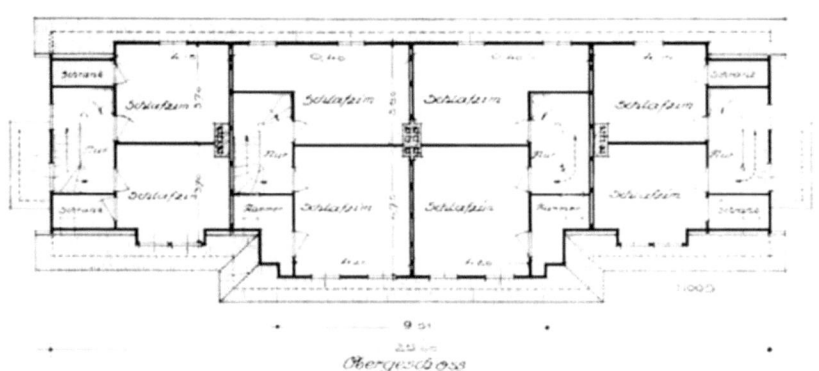

Obergeschoss

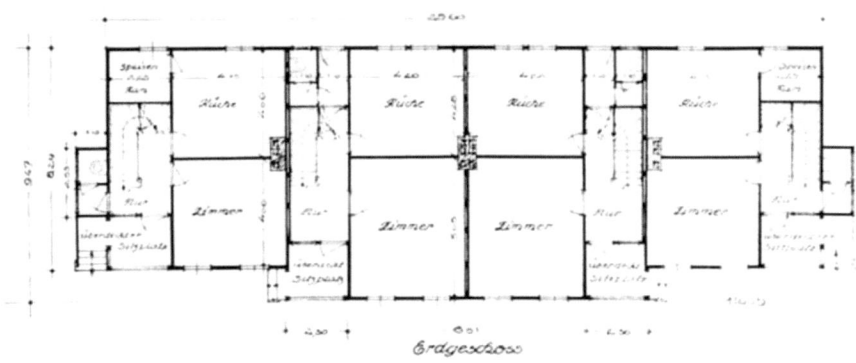

Erdgeschoss

Maßstab 1:200

Lichte Raumhöhe
Erdgeschoß 2,50 m – Obergeschoß 2,40 m

Vierfamilienhaus Niesky I

Vierfamilienhaus Niesky I

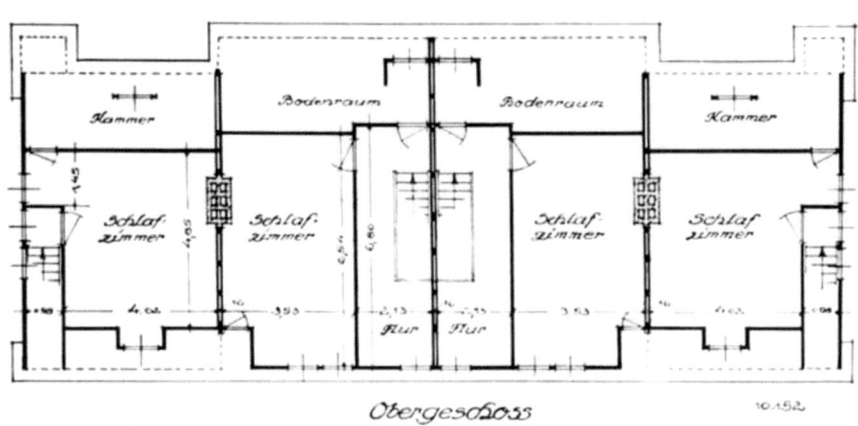

Obergeschoss

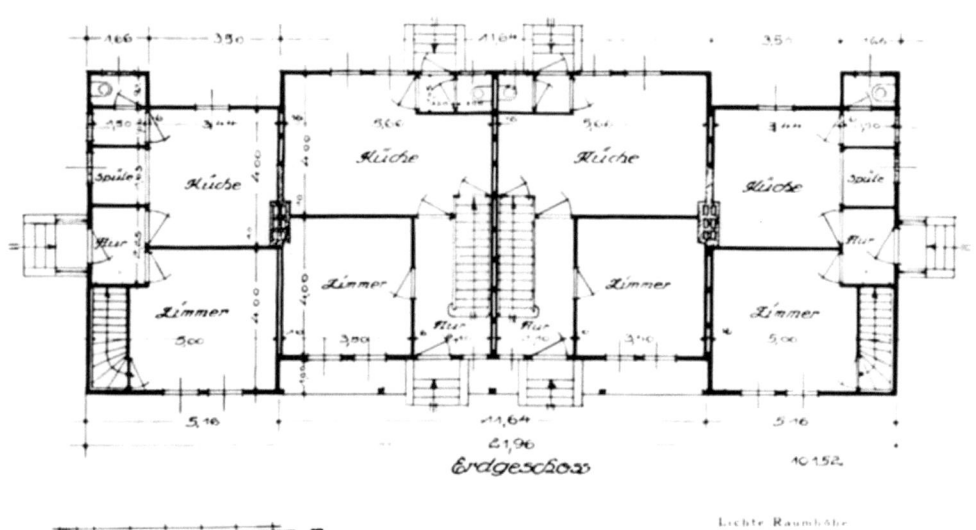

Erdgeschoss

Lichte Raumhöhe
Erdgeschoß 2,50 m – Obergeschoß 2,40 m

CHRISTOPH & UNMACK AKT.-GES. NIESKY OBERLAUSITZ (SCHLESIEN)

KATALOG XXIII

H 3102

Vierfamilienhaus *Wilhelmshaven*

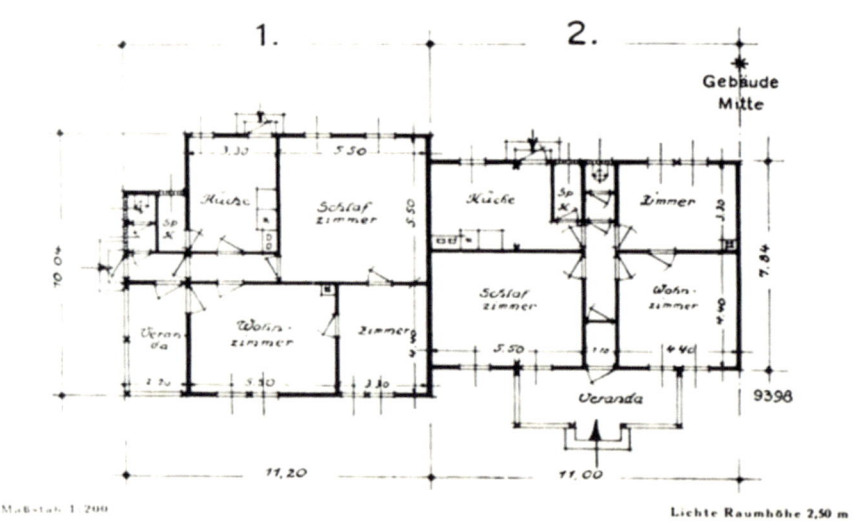

Siebenfamilienhaus Freithal

Grundrisse umstehend

Siebenfamilienhaus Freithal

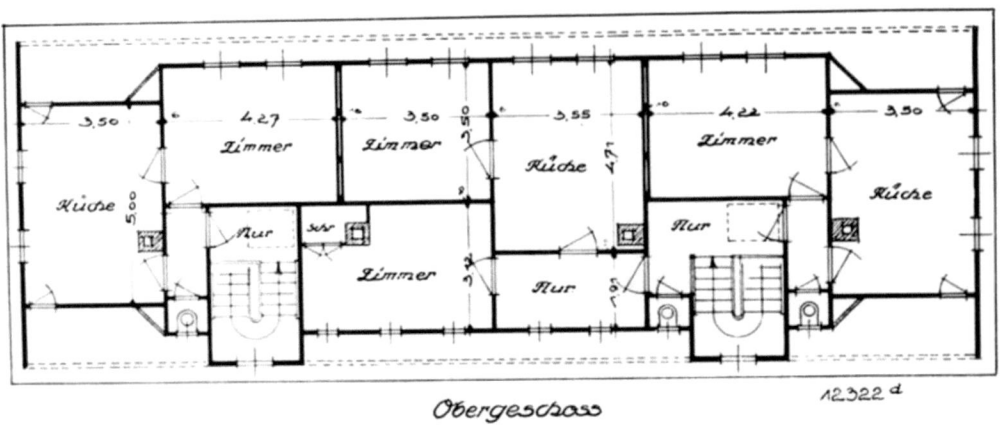

Obergeschoss

12322ᵈ

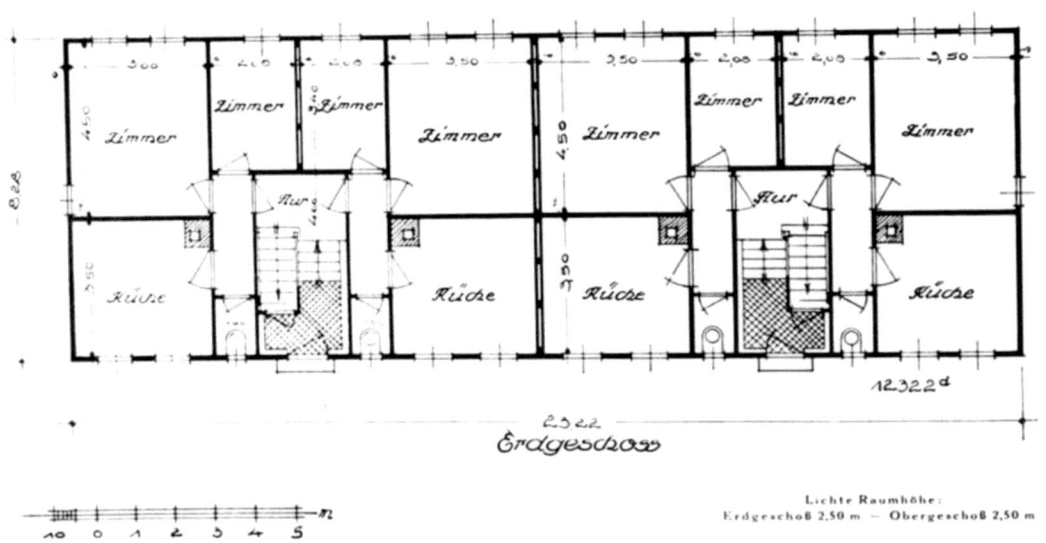

Erdgeschoss

12322ᵈ

Lichte Raumhöhe:
Erdgeschoß 2,50 m — Obergeschoß 2,50 m

Heim einer studentischen Verbindung in Cöthen

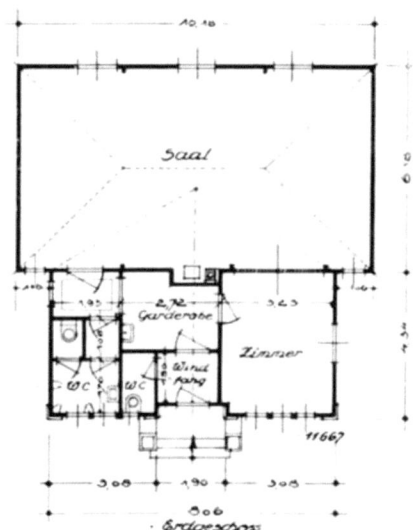

H 3182

Klubhaus des Tennisclub 1900 Gelb-Weiß, Berlin
(Rückansicht)

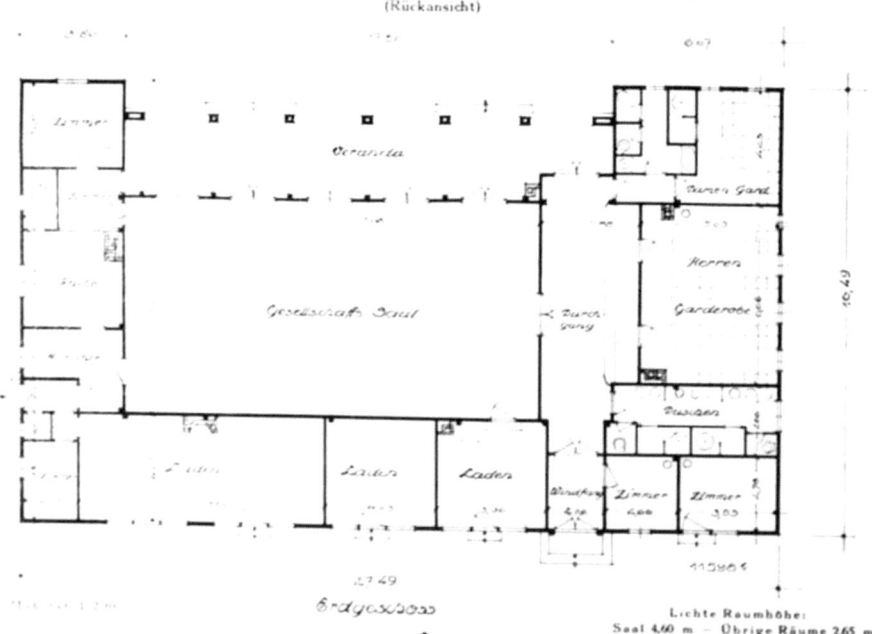

Erdgeschoss

Lichte Raumhöhe:
Saal 4,60 m – Übrige Räume 2,65 m

Deutsche Botschaft Angora

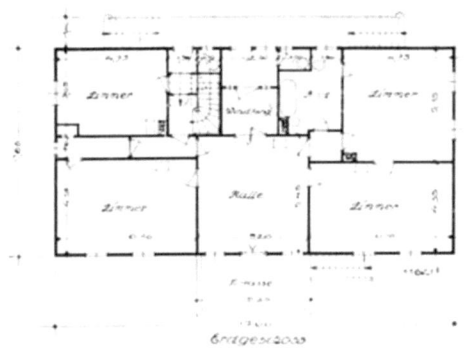

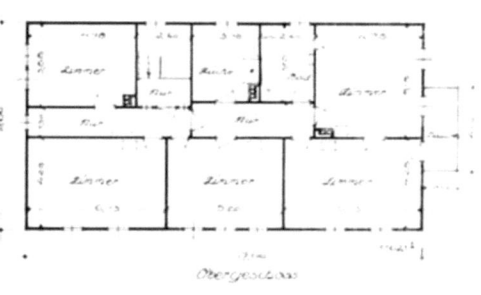

Aus unserer Holzhauskolonie

Teilansicht aus der Vogelperspektive.

76 Häuser mit mehr als 250 Wohnungen

Mit Rücksicht auf die allgemeine Wohnungsnot und um uns einen Stamm tüchtiger Mitarbeiter zu erhalten, haben wir im Laufe der letzten Jahre für unsere Beamten und Arbeiter in unserer Kolonie Neu-Ödernitz eine Siedlung geschaffen, wie sie nur wenige industrielle Werke in Deutschland aufzuweisen haben. Die Häuser sind fast ausschließlich in Tafelbauweise in eigenen Werkstätten errichtet. Obige Abbildung zeigt eine Teilansicht der Kolonie, auf den folgenden Seiten geben wir einige weitere Einblicke in einzelne Häusergruppen. Die Bewohner fühlen sich in ihren Holzhäusern außerordentlich wohl und wollen ihre Wohnungen — nach eigenen Aussagen — nicht mehr mit einem Steinhaus vertauschen.

Eine Besichtigung unserer Holzhauskolonie ist jederzeit gern gestattet.

Aus unserer Holzhauskolonie:

Doeckerplatz (Vierfamilienhäuser)

Vierfamilienhaus

Aus unserer Holzhauskolonie:

Straßenzug mit Zwei- und Dreifamilienhäusern

Ein- und Zweifamilienhäuser

Aus unserer Holzhauskolonie:

Zweifamilienhäuser

DIE INNENAUSSTATTUNG
IM DEUTSCHEN HOLZHAUS

In dem Abschnitt „Baubeschreibungen" befaßten wir uns bereits mit dem Innenausbau unserer Holzhäuser. Hierbei konnten nur bautechnische Fragen erörtert werden. Die verschiedenen Möglichkeiten, einfache, schlichtbehagliche Wohnräume und reich ausgestattete Repräsentationsräume zu schaffen, wurden nur kurz gestreift. Durch die nachfolgenden Abbildungen zeigen wir, daß die Holzbauweise in bezug auf innenarchitektonische Ausstattung vielseitige Möglichkeiten bietet. Während beim Steinbau das Bestreben obwalten muß, das nüchterne und spröde Baumaterial zu verdecken, bietet sich im Holz ein Baumaterial dar, dessen natürliche Beschaffenheit und Struktur zur Geltung zu bringen, eine dankbare Aufgabe für den Innenarchitekten bedeutet. Einige Angaben zu den nachfolgenden Abbildungen mögen im einzelnen die verschiedenen Ausführungsarten und üblichen Bezeichnungen kurz erläutern.

ABBILDUNG 1. HALLE IM
EINFAMILIENHAUS HAAG

Wandflächen Fasebretter mit breiter
Leistenaufteilung. Vorgeblendete
Balkendecke.

ABBILDUNG 2 WOHNZIMMER
MIT BIBLIOTHEK IM
EINFAMILIENHAUS HAAG

Die durch aufgesetzte Leisten in
große Felder eingeteilten Wände
zeigen Stoffbespannung. Die Decke
ist ebenfalls als vorgeblendete Balkendecke ausgeführt.

ABBILDUNG 3. ESSZIMMER
IM EINFAMILIENHAUS
STÜTZENGRÜN

Stoffbespannung der Wände, die durch aufgesetzte Perlstäbe in Felder geteilt sind. Die Decke ist als Kassettendecke ausgebildet.

ABBILDUNG 4. SCHLAFZIMMER
IM EINFAMILIENHAUS
STÜTZENGRÜN

Die Wandflächen erhielten Stoffbespannung und wurden durch schwache Leisten in große Felder geteilt. Einfache Fasebretterdecke.

CHRISTOPH & UNMACK AKT.-GES.   NIESKY OBERLAUSITZ (SCHLESIEN)

KATALOG XXIII

ABBILDUNG 5. WOHNZIMMER
MIT DURCHBLICK IN DAS ESS-
ZIMMER IM EINFAMILIENHAUS
STÜTZENGRÜN

Aufgesetzte schwache Leisten teilen
die mit Stoff bespannten Wände in
große Felder. Die Decke besteht aus
glatten Fasebrettern.

ABBILDUNG 6. WOHN-
ZIMMER IM SIEDLUNGS-
HAUS MAGDEBURG

Wände einfache Fase-
bretter mit eingebauten
Schränken. Die Decke
wird ebenfalls durch
Fasebretter gebildet.

ABBILDUNG 7 GUTE
STUBE IM SIEDLUNGS
HAUS DRESDEN

Wand- und Deckentäfelung
aus Leichtbauschichtung

ARBEITSGEBIETE UND ERZEUGNISSE
DER CHRISTOPH & UNMACK AKTIENGESELLSCHAFT
NIESKY OBERLAUSITZ (SCHLESIEN)

*

Nachstehend geben wir eine gedrängte Aufstellung über das Arbeitsprogramm und die Erzeugnisse unserer Werke und Abteilungen. — Wir bitten, im Bedarfsfalle **Spezialkataloge** einzufordern, welche für alle Zweige unserer Fabrikation vorhanden sind.

*

Wir liefern für Inland- und Auslandbedarf:

AUS UNSEREN WERKEN FÜR HOLZBAU:

Zerlegbare, transportable Holzbauten nach bewährtem Original-Doecker-System, wie Ein- und Mehrfamilienhäuser, Siedlungsbauten, Arbeiterwohnhäuser, Werkstätten, Wirtschaftsgebäude, Magazine, Schulgebäude, Waldschulen, Kinder-, Ferien- und Genesungsheime, Liegehallen, Krankenpavillons, Isolier- und Epidemiebaracken, Ausstellungs- und Verkaufspavillons, Autogaragen, Ställe, Kutscherwohnungen, Notstandsbauten jeder Art.

Holzhäuser in Blockhausbauweise, wie
ein- und mehrstöckige Villen und Landhäuser, Garten- und Jagdhäuser, Warte- und Wärmehallen.

Holzbauten mit freitragender Dachkonstruktion (Freibau in Holz), wie
Industriehallen, Bahnsteighallen und Bahnsteig-Überdachungen, Ausstellungs- und Flugzeughallen, Lagerhallen, Lokomotiv- und Wagenschuppen, Brücken, sämtlich bis 50 m Spannweite, Turnhallen, Reit- und Sporthallen, Säle.

Büromöbel in Serienausführung, als Besonderheit
„Regis"-Rolljalousieschränke, zerlegbar und beliebig **erweiterungsfähig.**

Harmonikamöbel,
zusammenlegbar, besonders geeignet für Krankenhäuser, Sanatorien, Tropenhäuser und ambulante Zwecke.

Bautischlerarbeiten, wie
Fenster, Türen, Treppen usw. in Serienausführung.

AUS UNSERER WAGGONBAU-ANSTALT:

Personen-Abteil- und Durchgangswagen, Güterwagen, Kesselwagen, Topfwagen, Spezialwagen für
jede Spurweite, Straßenbahnwagen,
Rohölmotor-Triebwagen,
Lastauto-Kästen und -Anhänger,
Omnibus-Aufbauten,
Waggonbeschlagteile.
Reparatur von Personen- und Güterwagen.

AUS UNSERER MASCHINENFABRIK UND GIESSEREI:

Hoch- und Brückenbau,
Eiserne Brücken und Dachkonstruktionen, Hallen und Fachwerkgebäude für Werkstätten,
Montagehallen, Kesselhäuser usw. mit den dazugehörigen Toren, Türen, Treppen, Fenstern
und Oberlichtern,
Kranbahnen, Kranbrücken für Laufkräne,
Gittermaste,
Hochöfen, Aufzugs- und Fördergerüste, Schachtausbauten,
Wassertürme, Wasserbehälter und Blechbunker,
Genietete und geschweißte Rohrleitungen und alle sonstigen Blecharbeiten,
Förderwagen, Kippwagen und Seitenentlader.

Einrichtungen für die Kohlenindustrie, wie
ganze Aufbereitungsgebäude, Schachtgerüste, Verladerampen, Transportanlagen aller Art,
insbesondere Kettenförderungen, Seilförderungen, Seilrangierungen, Transportbänder,
Schnecken, Schüttelrinnen, Becherwerke.
Komplette Sortierungen, insbesondere einfache und Doppelwipper, Schwing- und Schüttel-
siebe, Trommelsiebe, Hochleistungs-Doppelplanrätter, Kohlenbrechwerke,
Rohölmotor-Lokomotiven für Abraumbetrieb.

Eisengußstücke jeder Art und Größe.

Gelb- und Rotguß-Lagerschalen, Armaturen usw.

Dampfmaschinen, Dampfkessel
verschiedener Systeme, Steilrohrkessel, Wärmespeicher, Überhitzeranlagen.

Vollständige Brennereieinrichtungen,
Apparate für Brennereien und für die chemische Industrie.

Kompressorlose „Christoph"-Dieselmotoren für Rohöl,
Motorlokomobilen für Landwirtschaft und Industrie,
Sauggas-Motoranlagen.
Reparatur von Lokomotiven und Kesseln.

CHRISTOPH & UNMACK AKT.-GES. NIESKY OBERLAUSITZ (SCHLESIEN)
KATALOG XXIII

GRAPHISCHE KUNSTANSTALT
HOFFMANN & REIBER
GÖRLITZ

[BLANK PAGE]

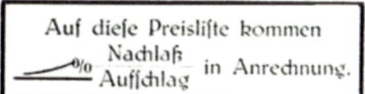

Deutsche Holzhäuser.

—

Katalog XXIII.

Preis- und Gewichts-Aufstellung.

Einfamilienhaus „Cottbus"
Katalog XXIII 1

Hauptpreis	ℛℳ	3346,—
Blumenkästen	„	96,—
Doppelfenster	„	170,—
Fensterläden	„	200,—
Dachrinnen	„	139,—
2 eiserne Schornsteine	„	78,—
Doppelfußboden	„	113,—
Torf in oberer Decke	„	60,—

Gewicht ca. 7500 kg
Dach mit teerfreier Pappe gedeckt.

Einfamilienhaus „Falkenberg"
Katalog XXIII 2

Hauptpreis	ℛℳ	9078,—
Blumenkästen	„	217,—
Doppelfenster	„	298,—
Fensterläden	„	424,—
Dachrinnen	„	197,—
Doppelfußboden	„	229,—
Torf in oberer Decke	„	158,—

Gewicht ca. 21200 kg
Dach mit teerfreier Pappe gedeckt.

Einfamilienhaus „Niesky I"
Katalog XXIII 3

Hauptpreis	ℛℳ	5088,—
Blumenkästen	„	36,—
Doppelfenster	„	213,—
Fensterläden	„	250,—
Dachrinnen	„	190,—
Doppelfußboden	„	169,—
Torf in oberer Decke	„	102,—

Gewicht ca. 14000 kg
Dach mit teerfreier Pappe gedeckt.

Einfamilienhaus Hoge" (Holland)
Katalog XXIII 4

Hauptpreis	ℛℳ	9194,—
Blumenkästen	„	84,—
Doppelfenster	„	337,—
Fensterläden	„	250,—
Dachrinnen	„	134,—
Doppelfußboden	„	169,—
Torf in oberer Decke	„	133,—

Gewicht ca. 22000 kg
Dach: Sparrendach mit Lattung ohne Eindeckung.

Einfamilienhaus „Otterloo"
Katalog XXIII 5

Hauptpreis	ℛℳ	10029,—
Blumenkästen	„	132,—
Doppelfenster	„	856,—
Fensterläden	„	278,—
Dachrinnen	„	217,—
Doppelfußboden	„	202,—
Torf in oberer Decke	„	82,—

Gewicht ca. 24600 kg
Dach: Sparrendach mit Lattung ohne Eindeckung.

Einfamilienhaus „Amsterdam"
Katalog XXIII 6

Hauptpreis	ℛℳ	12982,—
Blumenkästen	„	143,—
Doppelfenster	„	468,—
Fensterläden	„	450,—
Dachrinnen	„	250,—
Doppelfußboden	„	295,—
Torf in oberer Decke	„	180,—

Gewicht ca. 28400 kg
Dach: Sparrendach mit Lattung ohne Eindeckung.

Einfamilienhaus „Arlesheim"
Katalog XXIII 7

Hauptpreis	ℛℳ	14026,—
Blumenkästen	„	168,—
Doppelfenster	„	694,—
Fensterläden	„	533,—
Dachrinnen	„	412,—
Doppelfußboden	„	436,—
Torf in oberer Decke	„	92,—

Gewicht ca. 35200 kg
Dach: Sparrendach mit Lattung ohne Eindeckung.

Einfamilienhaus „Marienfelde"
Katalog XXIII 8

Hauptpreis	ℛℳ	12539,—
Blumenkästen	„	377,—
Doppelfenster	„	485,—
Fensterläden	„	176,—
Dachrinnen	„	251,—
Doppelfußboden	„	267,—
Torf in oberer Decke	„	180,—

Gewicht ca. 26400 kg
Dach: Sparrendach mit Lattung ohne Eindeckung.

Einfamilienhaus "Bunzendorf" Katalog XXIII 9	Hauptpreis . . . *RM* 12194,—
	Blumenkästen . . „ 180,—
	Doppelfenster . . „ 483,—
	Fensterläden . . . „ 679,—
	Dachrinnen . . . „ 204,—
	Doppelfußboden . . „ 320,—
	Torf in oberer Decke „ 88,—
	Gewicht ca. 27000 kg
	Dach: Sparrendach mit Lattung ohne Eindeckung.

Einfamilienhaus "Lauban" Katalog XXIII 14	Hauptpreis . . . *RM* 20504,—
	Blumenkästen . . . „ 192,—
	Doppelfenster . . . „ 1386,—
	Fensterläden . . . „ 389,—
	Dachrinnen . . . „ 269,—
	Doppelfußboden . . „ 431,—
	Torf in oberer Decke „ 206,—
	Gewicht ca. 42700 kg
	Dach: Sparrendach mit Lattung ohne Eindeckung.

Einfamilienhaus "Waſſenaar I" Katalog XXIII 10	Hauptpreis . . . *RM* 14662,—
	Blumenkästen . . . „ 435,—
	Doppelfenster . . „ 766,—
	Fensterläden . . . „ 599,—
	Dachrinnen . . . „ 252,—
	Doppelfußboden . . „ 300,—
	Torf in oberer Decke „ 182,—
	Gewicht ca. 37000 kg
	Dach: Sparrendach mit Lattung ohne Eindeckung.

Einfamilienhaus "Landeck" Katalog XXIII 15	Hauptpreis . . . *RM* 14407,—
	Blumenkästen . . . „ 117,—
	Doppelfenster . . „ 860,—
	Fensterläden . . „ 300,—
	Dachrinnen . . „ 208,—
	Doppelfußboden . . „ 299,—
	Torf in oberer Decke „ 192,—
	Gewicht ca. 33000 kg
	Dach: Sparrendach mit Lattung ohne Eindeckung.

Einfamilienhaus "Waſſenaar II" Katalog XXIII 11	Hauptpreis . . . *RM* 16202,—
	Blumenkästen . . . „ 487,—
	Doppelfenster . . „ 871,—
	Fensterläden . . „ 842,—
	Dachrinnen . . „ 244,—
	Doppelfußboden . . „ 339,—
	Torf in oberer Decke „ 270,—
	Gewicht ca. 43200 kg
	Dach: Sparrendach mit Lattung ohne Eindeckung.

Einfamilienhaus "Sorau" Katalog XXIII 16	Hauptpreis . . . *RM* 12685,—
	Blumenkästen . . „ 216,—
	Doppelfenster . . . „ 723,—
	Fensterläden . . . „ 548,—
	Dachrinnen . . „ 162,—
	Doppelfußboden . . „ 183,—
	Torf in oberer Decke „ 114,—
	Gewicht ca. 27600 kg
	Dach: Sparrendach mit Lattung ohne Eindeckung.

Einfamilienhaus "Niesky II" Katalog XXIII 12	Hauptpreis . . . *RM* 13171,—
	Blumenkästen . . „ 212,—
	Doppelfenster . . . „ 621,—
	Fensterläden . . . „ 746,—
	Dachrinnen . . „ 127,—
	Doppelfußboden . . „ 288,—
	Torf in oberer Decke „ 156,—
	Gewicht ca. 29500 kg
	Dach: Sparrendach mit Lattung ohne Eindeckung.

Einfamilienhaus "Stettin" Katalog XXIII 17	Hauptpreis . . . *RM* 12709,—
	Blumenkästen . . „ 171,—
	Doppelfenster . . . „ 955,—
	Fensterläden . . . „ 644,—
	Dachrinnen . . . „ 360,—
	Doppelfußboden . . „ 271,—
	Torf in oberer Decke „ 134,—
	Gewicht ca. 30400 kg
	Dach: Sparrendach mit Lattung ohne Eindeckung.

Einfamilienhaus "Zschopau" Katalog XXIII 13	Hauptpreis . . . *RM* 19059,—
	Blumenkästen . . „ 18,—
	Doppelfenster . . . „ 968,—
	Fensterläden . . . „ 1104,—
	Dachrinnen . . . „ 165,—
	Doppelfußboden . . „ 352,—
	Torf in oberer Decke „ 96,—
	Gewicht ca. 35500 kg
	Dach: Sparrendach mit Lattung ohne Eindeckung.

Einfamilienhaus "Stützengrün" Katalog XXIII 18	Hauptpreis . . . *RM* 12881,—
	Blumenkästen . . „ 133,—
	Doppelfenster . . „ 533,—
	Fensterläden . . „ 178,—
	Dachrinnen . . „ 228,—
	Doppelfußboden . . „ 306,—
	Torf in oberer Decke „ 120,—
	Gewicht ca. 26400 kg
	Dach: Sparrendach mit Lattung ohne Eindeckung.

Einfamilienhaus "Niesky III" Katalog XXIII 19		
Hauptpreis	RM	12804,—
Blumenkästen	"	226,—
Doppelfenster	"	553,—
Fensterläden	"	688,—
Dachrinnen	"	270,—
Doppelfußboden	"	272,—
Torf in oberer Decke	"	144,—
Gewicht ca. 28500 kg		
Dach: Sparrendach mit Lattung ohne Eindeckung.		

Einfamilienhaus "Haag" Katalog XXIII 20/21		
Hauptpreis	RM	35188,—
Blumenkästen	"	610,—
Doppelfenster	"	2903,—
Dachrinnen	"	472,—
Doppelfußboden	"	707,—
Torf in oberer Decke	"	566,—
Gewicht ca. 68700 kg		
Dach: Sparrendach mit Lattung ohne Eindeckung.		

Zweifamilienhaus "Magdeburg" Katalog XXIII 23		
Hauptpreis	RM	18918,—
Blumenkästen	"	39,—
Doppelfenster	"	731,—
Fensterläden	"	250,—
Dachrinnen	"	285,—
Doppelfußboden	"	320,—
Torf in oberer Decke	"	186,—
Gewicht ca. 42900 kg		
Dach: Sparrendach mit Lattung ohne Eindeckung.		

Zweifamilienhaus "Dresden" Katalog XXIII 24		
Hauptpreis	RM	18615,—
Blumenkästen	"	178,—
Doppelfenster	"	921,—
Fensterläden	"	807,—
Dachrinnen	"	326,—
Doppelfußboden	"	369,—
Torf in oberer Decke	"	214,—
Gewicht ca. 30000 kg		
Dach: Sparrendach mit Lattung ohne Eindeckung.		

Zweifamilienhaus "Niesky I" Katalog XXIII 25		
Hauptpreis	RM	16144,—
Blumenkästen	"	317,—
Doppelfenster	"	636,—
Fensterläden	"	870,—
Dachrinnen	"	337,—
Doppelfußboden	"	334,—
Torf in oberer Decke	"	188,—
Gewicht ca. 37400 kg		
Dach: Sparrendach mit Lattung ohne Eindeckung.		

Zweifamilienhaus "Friedland" Katalog XXIII 26		
Hauptpreis	RM	27483,—
Blumenkästen	"	395,—
Doppelfenster	"	1191,—
Fensterläden	"	900,—
Dachrinnen	"	589,—
Doppelfußboden	"	721,—
Torf in oberer Decke	"	250,—
Gewicht ca. 51000 kg		
Dach: Sparrendach mit Lattung ohne Eindeckung.		

Zweifamilienhaus "Niesky II" Katalog XXIII 27		
Hauptpreis	RM	26770,—
Blumenkästen	"	517,—
Doppelfenster	"	1217,—
Fensterläden	"	522,—
Dachrinnen	"	703,—
Doppelfußboden	"	763,—
Torf in oberer Decke	"	290,—
Gewicht ca. 70800 kg		
Dach: Sparrendach mit Lattung ohne Eindeckung.		

Dreifamilienhaus "Niesky" Katalog XXIII 28/29		
Hauptpreis	RM	24425,—
Blumenkästen	"	113,—
Doppelfenster	"	1243,—
Fensterläden	"	1399,—
Dachrinnen	"	413,—
Doppelfußboden	"	548,—
Torf in oberer Decke	"	310,—
Gewicht ca. 63000 kg		
Dach: Sparrendach mit Lattung ohne Eindeckung.		

Vierfamilienhaus "Oelsnitz" Katalog XXIII 30/31		
Hauptpreis	RM	32229,—
Blumenkästen	"	318,—
Doppelfenster	"	1510,—
Fensterläden	"	1832,—
Dachrinnen	"	616,—
Doppelfußboden	"	757,—
Torf in oberer Decke	"	364,—
Gewicht ca. 73000 kg		
Dach: Sparrendach mit Lattung ohne Eindeckung.		

Vierfamilienhaus "Niesky I" Katalog XXIII 32/33		
Hauptpreis	RM	26334,—
Blumenkästen	"	328,—
Doppelfenster	"	1560,—
Fensterläden	"	494,—
Dachrinnen	"	384,—
Doppelfußboden	"	651,—
Torf in oberer Decke	"	244,—
Gewicht ca. 62500 kg		
Dach: Sparrendach mit Lattung ohne Eindeckung.		

Vierfamilienhaus "Wilhelmshaven" Katalog XXIII 34		
Hauptpreis . . .	ℛℳ	26170,—
Blumenkästen . . .	„	580,—
Doppelfenster . . .	„	1191,—
Fensterläden . . .	„	1399,—
Dachrinnen . . .	„	537,—
Doppelfußboden .	„	1237,—
Torf in oberer Decke	„	796,—

Gewicht ca. 74000 kg
Dach mit teerfreier Pappe gedeckt.

Heim einer studentischen Verbindung in "Cöthen" Katalog XXIII 37		
Hauptpreis . . .	ℛℳ	8454,—
Blumenkästen . . .	„	57,—
Doppelfenster . . .	„	414,—
Fensterläden . . .	„	268,—
Dachrinnen . . .	„	209,—
Doppelfußboden .	„	260,—
Torf in oberer Decke	„	196,—

Gewicht ca. 17100 kg
Dach: Sparrendach mit Lattung ohne Eindeckung.

Siebenfamilienhaus "Freital" Katalog XXIII 35/36		
Hauptpreis . . .	ℛℳ	27409,—
Doppelfenster . . .	„	1706,—
Fensterläden . . .	„	1299,—
Dachrinnen . . .	„	492,—
Doppelfußboden .	„	657,—
Torf in oberer Decke	„	394,—

Gewicht ca. 65000 kg
Dach: Sparrendach mit Lattung ohne Eindeckung.

Klubhaus des Tennisklub 1900 "Gelb-Weiß" Berlin Katalog XXIII 38		
Hauptpreis . . .	ℛℳ	29283,—
Blumenkästen . . .	„	85,—
Dachrinnen . . .	„	601,—
Doppelfußboden .	„	1723,—

Gewicht ca. 54500 kg
Dach: Sparrendach mit Lattung ohne Eindeckung.

Deutsche Botschaft "Angora" Katalog XXIII 39		
Hauptpreis . . .	ℛℳ	26214,—
Blumenkästen . . .	„	203,—
Doppelfenster . . .	„	1306,—
Fensterläden . . .	„	1648,—
Dachrinnen . . .	„	439,—
Doppelfußboden .	„	582,—

Gewicht ca. 63000 kg
Dach: Sparrendach mit Lattung ohne Eindeckung.

Vorstehende Preise verstehen sich ab Werk Niesky O.-L.

Abänderungen der Preisliste behalten wir uns jederzeit vor.